APPEL AU CLERGÉ DE FRANCE

POUR LA FONDATION

DE

DEUX CONGRÉGATIONS AGRICOLES

DESTINÉES AUX MISSIONS ÉTRANGÈRES

DANS LE DIOCÈSE D'ALGER

I

LETTRE DE Mgr L'ARCHEVÊQUE D'ALGER

A MM. LES PRÉSIDENT ET MEMBRES DES CONSEILS DE L'ŒUVRE DE LA PROPAGATION DE LA FOI, SUR LA CRÉATION DE DEUX COMMUNAUTÉS AGRICOLES DANS LE DIOCÈSE D'ALGER.

Alger, 10 juin 1869.

Messieurs,

L'intérêt que vos pieux associés portent aux missions me décide à vous entretenir d'une œuvre qui se prépare dans mon diocèse, et qui, malgré l'humilité et la faiblesse de ses commencements, me semble appelée à rendre dans l'avenir, si Dieu, comme je l'espère, la bénit et la développe, les plus importants services à nos missions africaines, et peut-être à l'apostolat catholique tout entier.

J'ai longtemps hésité avant que de vous en entretenir, car le silence et le recueillement paraissent seuls devoir régner autour du berceau des œuvres chrétiennes; mais je me suis décidé à vous la faire connaître, en songeant que quelques âmes généreuses et cherchant un but digne d'elles pour l'exercice de leur dévouement pourraient le trouver ici.

Il se prépare donc à l'ombre de mon humble et pauvre Église à peine renaissante, et dans ce pays que la France a arraché, il n'y a pas quarante ans encore, au joug du mahométisme, deux communautés agricoles, l'une d'hommes, l'autre de femmes, exclusivement destinées à soutenir par le travail manuel, et surtout par le travail des champs, toutes les œuvres charitables des missions.

Principalement fondées pour les missions africaines, elles se rendront néanmoins l'une et l'autre, lorsque le nombre de leurs membres et les circonstances le leur permettront, à l'appel de tous les vénérables chefs de missions des autres parties du monde qui leur en feraient la demande.

Elles se sont placées sous le vocable du vénérable martyr

arabe Geronimo, dont le Saint-Siége instruit en ce moment le procès de canonisation, et se nomment les *Frères*, les *Sœurs du vénérable Geronimo.*

J'espère que ce nom, qui est celui d'un infidèle devenu martyr presque en même temps que chrétien, leur portera bonheur, et excitera leur zèle dans l'accomplissement des œuvres de foi et de charité auxquelles elles sont destinées.

Je n'ai pas besoin de m'étendre sur les motifs qui ont fait choisir Alger pour centre de cette œuvre, qui peut avoir plus tard un caractère plus général et plus vaste. Ici les terres sont plus abondantes qu'en France, la séparation mieux préparée, et l'acclimatation plus facile à graduer.

Mais il faut que je vous dise comment ces deux fondations nouvelles doivent servir les missions africaines et les autres missions catholiques qui les appelleront à leur aide.

Pour cela, veuillez me permettre de prendre les choses d'un peu plus loin et de vous exposer à cet égard mes pensées, qui, je le sais, sont aussi celles de beaucoup de chefs et d'amis de nos missions. Ces considérations ne peuvent d'ailleurs que servir à entretenir et à exciter le zèle de vos associés, en leur montrant combien ce zèle est nécessaire.

L'une des plus grandes difficultés de l'apostolat dans le monde entier, à l'heure présente, est le manque de ressources matérielles suffisantes. Les dévouements personnels se multiplient ; le nombre des religieux, des prêtres, des Frères, des Sœurs qui aspirent à la gloire d'aller prêcher Jésus-Christ et mourir pour lui, s'il le faut, au milieu des infidèles, n'a jamais été si considérable. Mais à chaque instant la création des œuvres les plus nécessaires pour le développement des missions se trouve arrêté par la raison que l'on ne peut les soutenir matériellement.

Qui le sait mieux que vous, Messieurs? Combien de séminaires, d'orphelinats, d'asiles, de cathécuménats, d'églises, de diocèses même, seraient fondés, si vous pouviez dans vos aumônes trouver les fonds nécessaires pour les établir ! Mais non ; il y faut renoncer tristement et se résigner à laisser périr à côté de soi des âmes que l'on pourrait sauver, des peuples que l'on pourrait régénérer, parce qu'il est impossible de suffire à tout et qu'il faut se borner. Aussi n'est-ce que par des miracles de dévouement que les missionnaires obtiennent les succès souvent merveilleux qui couronnent leur zèle.

On ne réfléchit pas assez en Europe que tout, absolument tout, doit venir de nos vieux pays chrétiens à la plupart des missionnaires des pays infidèles. Il est impossible de rien demander, pour le soutien des œuvres de charité les plus nécessaires, à des néophytes dont la foi est encore mal affermie. Le désintéressement le plus absolu non-seulement dans le fond, mais dans les moindres apparences, est la condition indispensable de l'apostolat catholique, et c'est à ce signe de la charité, qui donne tout, même son sang, et ne demande rien, que l'on reconnaît aujourd'hui, comme aux premiers temps, les vrais envoyés de Dieu.

Je constate, pour ma part, ce sentiment d'une manière très-vive parmi nos indigènes.

Lorsque je parle à nos petits orphelins arabes de leurs *marabouts* (c'est ainsi, vous le savez, qu'ils nomment chez eux les ministres de la prière), ils reviennent toujours sur ce point et invariablement dans les mêmes termes :

« Les marabouts de vos tribus sont-ils comme les marabouts français ?

— Oh non ! répondent-ils.

— Et quelle est donc la différence ?

— C'est que les marabouts arabes, même au pauvre mendiant qui n'a qu'un seul sou, ils lui prennent son sou, et vous, vous ne nous prenez rien et vous nous donnez tout : le pain, les habits... »

Cette règle du missionnaire de ne rien demander à ses néophytes date, du reste, des temps apostoliques. Saint Paul se vantait de la suivre, et il la jetait en quelque sorte comme un défi à ses calomniateurs, car les apôtres en trouvaient déjà sur leur route.

« Mes mains, disait-il (1), ont fourni à tout ce qui m'était né-
» cessaire et à ceux qui étaient avec moi. Nous avons travaillé
» péniblement comme des manœuvres. Nous n'avons mangé,

(1) S. Paul, Cor.

» sans le gagner, le pain de personne, mais nous nous sommes » soumis nuit et jour au travail et à la fatigue pour n'être à » charge à aucun de vous. »

C'est vous, Messieurs, c'est votre œuvre excellente, ce sont vos pieux associés qui permettent aujourd'hui à tous les missionnaires de tenir aux peuples qu'ils évangélisent le même langage. C'est de vous qu'ils reçoivent le pain de chaque jour que les apôtres gagnaient à la sueur de leur front, et les aumônes qui leur servent à recueillir les petits enfants, à secourir les pauvres, à répandre partout leurs bienfaits.

Mais ici, et précisément parce que tout repose sur vous et sur la charité des catholiques d'Europe, se présentent des réflexions inquiétantes qui ont plus d'une fois, je le sais, attristé vos esprits, comme elles préoccupent ceux des missionnaires.

Si toutes les missions du monde dépendent aujourd'hui des aumônes que reçoit votre œuvre, si elles ne vivent que par elles, il suffira donc que ces aumônes viennent à se tarir par suite de quelque événement soudain, pour que toutes les missions soient ruinées d'un seul coup ! Il suffira qu'un bouleversement public, une de ces révolutions comme nos pères en ont vu, se prolonge durant quelques années, pour que l'Évangile cesse, presque partout à la fois, d'être annoncé aux infidèles ! Que feront alors les missions ? Où trouveront-elles leurs ressources ? N'est-il pas urgent et raisonnable de se préoccuper d'une telle éventualité ? Ne peut-on pas trouver, sinon un remède, du moins un palliatif à ce mal qui nous menace ? Ne peut-on pas vous décharger vous-mêmes d'une portion du fardeau qui pèse sur vous ?

Je pense, s'il m'est permis, à moi le dernier venu dans les rangs des évêques missionnaires, de dire ici mon faible avis, qu'il est possible dans une certaine mesure, et pour toutes les missions où l'Église jouit de la paix et de la liberté, de préparer et d'adoucir la situation qui leur serait faite le jour où vos aumônes viendraient à leur manquer, et je sais que dans plusieurs missions importantes cela se fait déjà avec grand succès.

Je m'explique.

Dans les contrées où le christianisme est depuis longtemps établi et la foi vivante et active dans un grand nombre de cœurs, les fondations territoriales ne sont pas absolument nécessaires au soutien des œuvres chrétiennes. La charité des vrais fidèles suffit, ce sont leurs aumônes qui soutiennent tout.

Que l'on y réfléchisse un instant. C'est ainsi que vivent en France nos petits séminaires, nos grands séminaires pour une large part, nos asiles, nos écoles religieuses libres, tout notre clergé régulier, à l'exception des trappistes, une portion de notre clergé séculier.

Ce résultat, dont on n'apprécie pas assez la haute signification chrétienne lorsqu'on l'a constamment sous les yeux, est du reste admirable, et maintenant que je puis faire la comparaison, je ne pense jamais sans attendrissement à tous les actes, je pourrais dire à toutes les merveilles de générosité que j'ai vu accomplir par les chrétiens de la bonne et pieuse Lorraine, lorsque j'étais évêque de Nancy.

Mais si les pays des missions, ainsi que je l'ai déjà dit et qu'il est facile de s'en rendre compte, manquent absolument de ces ressources, en retour ils possèdent (je parle des missions hors d'Europe, les seules vraies missions étrangères) un trésor, le premier de tous, puisque c'est de lui que viennent tous les autres : *la terre.*

Presque partout, en effet, dans les missions d'Afrique, d'Amérique, d'Océanie, dans la Turquie d'Asie, on trouve d'immenses espaces sans culture, où l'on peut facilement créer des établissements agricoles. Pour y trouver les ressources à la fondation des séminaires, des écoles, des asiles, il suffit d'avoir près de soi des hommes qui, par principe de foi et de dévouement chrétien, se consacrent à cette œuvre et fassent sortir du sol, par le travail, ce pain du corps qui doit aussi nourrir les âmes.

Mais cette pensée est-elle réalisable ? Peut-on espérer trouver, dans nos pays catholiques, des dévouements assez éprouvés pour embrasser une semblable vie?

La création des deux communautés agricoles dont je vous parle tend à répondre précisément à cette question.

Travailler sans jamais demander ni rémunération ni salaire, vivre du seul produit de leur travail, entretenir du surplus toutes les œuvres charitables des missions africaines et des autres missions où ils pourront être appelés, concourir ainsi exclusivement par l'exemple de leur charité, par celui de leur travail, par la direction des orphelinats, des asiles agricoles, aux succès de l'apostolat, c'est ce que se proposent les *Frères* et les *Sœurs du vénérable Geronimo.*

Ce mélange des travaux manuels, des travaux des champs et des travaux apostoliques, est du reste, Messieurs, permettez-moi de vous le dire, et vous en pouvez être fiers, la première forme qu'ait eue dans l'Eglise l'Œuvre de la Propagation de la foi dont vous êtes les directeurs et les représentants; et en paraissant exposer une pensée nouvelle, je ne fais que rappeler ce qui a existé durant des siècles et qui a fait le monde chrétien.

Je vous citais tout à l'heure l'exemple et la parole des apôtres, je n'y reviendrai pas.

Mais ce que je vous ferai remarquer, c'est que lorsque les barbares eurent envahi l'Europe, lorsqu'il fallut annoncer l'Évangile à ces farouches conquérants qui l'avaient couverte de ruines, ce furent des religieux agriculteurs qui tentèrent cette laborieuse entreprise et surent la réaliser.

Comme on l'a dit de notre France et comme j'aime à le répéter, ils formèrent nos pays chrétiens comme les abeilles forment une ruche, joignant au travail infatigable le miel de leur charité et de leur parole.

Étudiez l'histoire : à l'origine de toutes les villes qui devinrent dans les pays barbares, durant les premiers siècles du moyen âge, des centres de civilisation pour les peuples qui les entouraient, vous trouverez une abbaye où les moines pratiquaient également trois choses, inséparables dans leur vie : le travail des mains, la charité et l'apostolat. « Vous ne serez véri- » tablement moines, leur avait dit leur saint fondateur, que » lorsque vous vivrez du travail de vos mains, à l'exemple de » Jésus-Christ et des apôtres. »

Telle est, en effet, l'histoire de toutes ces abbayes innombrables de l'ordre de Saint-Benoît, dans une grande partie de la France, de l'Espagne, de l'Italie, dans l'Allemagne tout entière, dans l'Angleterre, et jusque sous les glaces de la Scandinavie. Les habitants de ces monastères, gagnant à la sueur de leur front tout ce que les missionnaires modernes reçoivent aujourd'hui de la charité des chrétiens, conquirent doublement ces régions désolées, défrichant à la fois, si j'ose me servir de cette expression, le sol et les âmes, ouvrant l'un à la chaleur féconde du soleil et les autres au souffle vivifiant de la grâce.

Malgré l'orgueil que nous inspirent nos conquêtes modernes, l'Église se trouve encore, dans une grande partie du monde, en présence des contrées couvertes d'autant de ruines et vouées à une aussi sombre barbarie que l'Europe du sixième et du septième siècle.

Pourquoi n'emploierait-elle pas, pour les conquérir à la lumière de sa civilisation, les moyens qui leur ont autrefois si admirablement réussi? Est-ce que le bras de Dieu s'est raccourci et son cœur rétréci pour nous? Est-ce que la générosité et l'abnégation ne sont pas toujours vivantes dans les âmes qu'anime la foi? Est-ce que la pensée de conquérir humblement par le travail caché, par la charité, par l'exemple, tant d'hommes encore séparés de la grande famille chrétienne, n'aura pas la puissance de séduire encore les cœurs les meilleurs et les plus forts?

Tout ce que je puis dire ici, c'est que depuis que l'œuvre dont je parle doit s'établir dans mon diocèse, je reçois de toutes parts des demandes d'admission qui respirent le dévouement le plus pur, et l'un des derniers courriers m'apportait l'instante prière d'une jeune fille qui porte un nom illustre, qui jouit de toutes les douceurs d'une vie opulente, et qui veut tout quitter, me dit-elle, pour venir ici *travailler de ses mains pour les petits et les pauvres.*

Et maintenant, si quelqu'un des pieux lecteurs de vos Annales, désireux de suivre un si grand exemple et de consacrer aux missions non plus son aumône seulement, mais tout lui-même, désirait connaître le caractère et les œuvres de ces deux sociétés qui vont se fonder près d'Alger, je lui dirais que, en ce qui regarde leur caractère, elles ont pris à tâche de fuir tout ce qui est extraordinaire. Leurs abstinences et leurs jeûnes sont ceux de tous les chrétiens; leur esprit, l'esprit de foi et de prière; leur grande mortification, le travail; leur grande vertu, l'exercice de la charité, pour Dieu, envers les petits et envers les pauvres.

Quant à leurs œuvres principales, je préfère vous citer, dans toute la simplicité de leur rédaction, quelques points de la règle des Frères :

« Des Travaux agricoles. — En tête des ministères de l'Ins- » titut (disent les règles des religieux sur lesquelles celles des » Sœurs sont calquées), nous plaçons les travaux agricoles, » parce que ces travaux forment le fond des occupations des » Frères.

» Dans le règlement des cultures et la fixation de leur quan- » tité, le Frère directeur des travaux agricoles aura surtout » égard à cette règle économique, fondamentale dans l'Institut, » que les Frères doivent arriver à produire directement par eux- » mêmes tout ce qui leur est nécessaire, soit pour leur nourri- » ture et leur entretien, soit pour leurs œuvres, et il divisera » les travaux et les terres de telle façon que la communauté » puisse être assurée d'y trouver tout ce qu'il lui faudra en cé- » réales, vignes, légumes, pâturages et parcours pour les bes- » tiaux, laitage et beurre, élevage d'autres animaux domesti- » ques, et même pisciculture, si l'on est favorisé sous le rapport » des eaux.

» Il calculera, pour cela, le nombre de personnes qui sont à » nourrir dans la maison, soit constamment, soit transitoire- » ment : religieux, orphelins, vieillards, hôtes, malades; la » quantité de chaque chose qui leur est nécessaire, et réglera » ses cultures de manière à ce qu'elles produisent une quantité » supérieure d'un tiers au moins, dans les années communes, » aux besoins de la communauté. Le surplus servira à com- » penser les déficits des mauvaises années, soit qu'on le vende, » soit qu'on le conserve en nature.

» Des Ateliers. — L'esprit de pauvreté dont les Frères ont » fait vœu et les règles spéciales, ainsi que le but essentiel de » l'Institut, voulant que les religieux du V. Geronimo se procu- » rent par leur propre travail tout ce qui est nécessaire, soit à » eux, soit à l'entretien de leurs œuvres, il y aura, dans chaque » maison, des Frères qui seront appliqués, soit constam-

» ment, soit transitoirement, suivant les besoins, aux tra-
» vaux manuels, dans des ateliers dont les principaux seront
» ceux-ci :

» Forgerons,
» Charpentiers,
» Menuisiers,
» Maçons et tailleurs de pierres,
» Briquetiers et faïenciers,
» Cordonniers,
» Tisserands,
» Meuniers,
» Boulangers.

» Il y aura aussi une boucherie là où ce sera utile.

» Dans ces ateliers, on fera tout ce qui sera nécessaire pour » le monastère, où l'on ne devra jamais employer ni ouvriers ni » manœuvres du dehors pour avancer un travail, les Frères » s'estimant heureux de souffrir du retard qui sera occasionné » par cette règle dans l'achèvement de quelques ouvrages.

» Pour le choix des états qui s'exerceront dans les ateliers, il » sera laissé aux Frères, qui le feront connaître au Frère supé- » rieur ; mais chacun d'eux devra en apprendre un, durant le » noviciat, indépendamment du travail des champs, qui sera » commun à tous. Il y emploiera les heures marquées pour le tra- » vail intérieur, et aussi les jours où, à cause de la pluie ou de » la trop grande chaleur, on ne pourra travailler au dehors. En » outre, à l'époque de quelques travaux extraordinaires, comme » constructions ou réparations, les Frères pourront tous y être » employés durant le temps que le supérieur jugera nécessaire ; » mais il faut choisir pour cela les périodes de l'année où l'on » n'a pas de culture à faire.

» Œuvres de miséricorde et de zèle qui s'exercent dans l'ins- » titut. — Lorsqu'une maison sera arrivée au point de nourrir » et entretenir les Frères qui l'habitent, elle devra entreprendre, » selon la mesure de ses ressources, quelqu'une ou quelques- » unes des œuvres de l'Institut, dont les principales sont les » suivantes :

» Les Orphelinats. — Les orphelinats recevront également

» les enfants chrétiens et les enfants infidèles, en ayant soin de » prendre les précautions nécessaires pour éviter les dangers » que pourrait avoir ce contact journalier, et de faire dans le » régime les différences qu'exige l'éducation première.

» Les Frères recevront les orphelins en proportion de ce qu'ils » pourront en élever et nourrir, sans rien demander pour leur » entretien, et aussi sans refuser les secours qui leur seraient » offerts pour le soutien de cette grande œuvre.

» Ils élèveront ces enfants dans l'amour de la vertu et dans celui du travail, ayant soin de leur faire donner les instruc- » tions chrétiennes qui leur sont nécessaires.

» Ils leur apprendront, outre leurs prières et le catéchisme, » à lire, à écrire et à calculer. Ils leur enseigneront en outre un » état manuel.

» Pour cela, les enfants seront placés sous la direction de » quelques Frères plus habiles et plus propres à enseigner, » qui les instruiront de ce qu'ils doivent savoir, soit dans les » champs, soit dans les ateliers.

» D'autres Frères, surtout ceux qui seraient honorés du sa- » cerdoce, seront désignés pour le catéchisme, pour la lecture » et pour l'écriture.

» Les Fermes-Écoles. — Indépendamment des orphelinats où » seront élevés les enfants orphelins ou abandonnés, les Frères » pourront joindre à leurs maisons, pour l'utilité des familles, » des fermes-écoles où seront élevés des enfants soit infidèles, » soit chrétiens, principalement lorsqu'il n'y aura pas d'autres » écoles à portée du monastère.

» Ces enfants seront reçus gratuitement comme les premiers, » soit qu'ils demeurent tout à fait au monastère, soit qu'ils » viennent simplement suivre les classes, les ateliers et les tra- » vaux des champs. On ne refusera pas néanmoins ce qui sera » spontanément offert par les familles.

» La règle de ces maisons sera la même que celle des orphe- » linats. On y suivra exactement les mêmes principes d'admi- » nistration et de direction.

» Les Asiles pour les vieillards. — Dans les maisons où il » n'y aura pas d'orphelins, on pourra, dans un corps de logis

» séparé, ouvrir un asile pour les vieillards pauvres, soit infi-
» dèles, soit chrétiens.

» Ils y seront reçus, soignés et gardés jusqu'à la mort, à » moins qu'ils ne veuillent partir, auquel cas on les laissera li- » bres, et on ne les reprendra point s'ils se représentent.

» Deux Frères seront spécialement chargés de veiller sur eux » et de leur procurer ce qui leur sera nécessaire.

» Les vieillards ainsi recueillis seront nourris et vêtus du pro- » duit du travail des Frères; on exigera qu'ils vivent honnête- » ment et sans désordre, et on les traitera, pour la nourriture, » autant que possible comme les Frères, ayant soin de leur don- » ner des instructions morales et religieuses qui leur servent à » vivre saintement.

» Les Dispensaires. — A chaque maison pourront être atta- » chés des dispensaires, c'est-à-dire que dans un corps de logis » séparé et en dehors du monastère on aura quelques pièces » dans l'une desquelles on tiendra des médicaments et ce qu'il » faut pour soigner les plaies ou les blessures; dans les autres, » il y aura des bancs et des siéges pour recevoir les malades et » distribuer les remèdes.

» Trois fois par semaine, à des heures et à des jours fixés et » indiqués d'avance, on y recevra les malades qui se présente- » ront pour y faire soigner leurs plaies ou pour demander quel- » ques remèdes.

» On les traitera avec charité et on leur donnera tout ce que » l'on pourra pour les soulager, particulièrement les infidèles, » qui sont plus abandonnés et sujets à plus de maux, à cause des » vices de leur sang.

» S'ils ont des plaies à faire soigner, les Frères désignés pour » cet office de charité s'approcheront d'eux, dans la salle des » pansements, et s'étant agenouillés comme devant le Dieu de » bonté dont les pauvres sont l'image, ils commenceront par » leur baiser les pieds en signe de foi et de respect. Ensuite, ils » les panseront de leur mieux, ayant soin de leur adresser quel- » ques paroles qui fassent du bien à leur âme.

» Deux Frères, qui prendront le titre de Frère infirmier des » pauvres et Frère vicaire de l'infirmerie, seront spécialement

» chargés de la direction de cet office. On aura soin de leur » faire prendre quelque teinture des maladies les plus ordinaires dans le pays et de la manière de les soigner, et ils ne se » permettront pas d'indiquer de traitement pour les maladies » qu'ils ne connaissent pas. Les deux Frères infirmiers pour» ront non-seulement soigner les malades au dispensaire, mais » encore, dans les lieux où il n'y aura pas de médecin, aller, » avec la permission du supérieur, visiter ensemble les malades » pauvres du voisinage, le dimanche en particulier.

» Les Frères se persuaderont que c'est là un des ministères » les plus efficaces et les plus féconds en fruits de salut. C'est » en guérissant les malades que N. S. Jésus-Christ a gagné les » cœurs des habitants de la Judée et les a convaincus de la vé» rité de sa mission divine. Sans doute nous ne ferons pas comme » lui des miracles de puissance, mais faisons des miracles de » dévouement et de charité, et à ce signe on reconnaîtra que » nous sommes ses disciples.

» Tous les Frères ne soigneront pas directement les malades, » mais tous fourniront, du moins par leur travail, le moyen de » les soigner et de les guérir, et coopéreront ainsi à cette œuvre » excellente.

» Hospitalité. — Si la maison des Frères est dans un pays » éloigné et près d'un lieu de passage où il ne se rencontre pas » de caravansérail et de maison de refuge, ils pourront avoir, » lorsque leurs ressources le leur permettront, une hôtellerie en » dehors du monastère, installée de manière à recevoir tous les » étrangers d'une façon convenable, c'est-à-dire qu'il y aura une » portion séparée avec des lits comme ceux des Frères pour les » Européens, et une autre partie avec des nattes pour les indi» gènes, les femmes étant absolument séparées des hommes.

» On y recevra les voyageurs pour la nuit, et, en s'excusant » de les traiter pauvrement, on leur montrera en tout une vraie » charité.

» Deux Frères, qui s'appelleront l'un le Frère hôtelier, l'autre » le Frère vicaire de l'hôtellerie, seront spécialement chargés de » diriger cet office.

» On ne demandera rien à aucun étranger en retour de l'hos-

» pitalité, et on recevra tout le monde, à moins que l'on ne voie » que les personnes qui se présentent font une sorte de métier » de revenir, auquel cas on les avertirait avec douceur qu'on les » reçoit pour la dernière fois et qu'elles aient à ne plus se pré- » senter, parce qu'on ne pourrait pas les admettre.

» Si quelqu'un des hôtes offrait une aumône, on la recevrait » avec humilité, mais on se garderait de ne jamais rien de- » mander ni suggérer à cet égard, l'hospitalité devant être un » acte de charité accompli par les Frères au moyen du produit » de leur travail.

» L'Aumone a faire aux pauvres.— Quoique toutes les œuvres » de miséricorde qui viennent d'être énumérées soient, à pro- » prement parler, l'exercice continuel de l'aumône, cependant, » lorsqu'on le pourra, on fera encore, dans chaque maison, l'au- » mône à ceux qui se présenteront pour la solliciter. On ne don- » nera cependant jamais d'argent à qui que ce soit, le monastère » n'ayant aucun revenu en argent. On fera seulement des dons » en nature, comme un morceau de pain, ou encore après le » repas de midi ce qui a pu rester sera distribué aux pauvres.

» On pourra même avoir pour cette distribution, dans les mai- » sons lointaines, quelques pauvres attitrés parmi les infidèles » du voisinage, que l'on avertirait de le venir chercher, et plus » particulièrement les vieillards et les mères de famille chargées » d'enfants.

» Un Frère qui portera le titre de Frère aumônier des pauvres » sera chargé de tout ce qui concerne cette distribution.

» Le Culte divin. — S'il n'y a point d'église dans le voisinage, » les chrétiens pourront être admis aux offices dans la chapelle » du monastère et y recevoir les sacrements; mais les religieux » auront alors un chœur séparé. »

Ainsi, se vouer au travail manuel, consacrer tous les produits aux œuvres de charité et de foi, soutenir par là toutes les missions dans tous leurs besoins, telle est au fond la règle de ces deux communautés nouvelles. L'extrait que j'en ai donné est un peu long peut-être, mais j'ai cru ne pouvoir mieux vous la faire apprécier qu'en la laissant, pour ainsi dire, se dévoiler elle-même à vous.

Et maintenant qu'ajouterai-je ? Rien, sinon que je désire voir des âmes vraiment généreuses comprendre l'excellence et le mérite d'un pareil dévouement.

Les ecclésiastiques sont admis, comme les laïques, dans la communauté des Frères; ils n'y ont pas, en vertu de leur sacerdoce, de rang plus élevé, et ils consacrent aussi au travail des mains tout le temps que leurs saintes obligations leur laissent libre. J'ai la confiance que la lecture de ces lignes parlera au cœur de quelques-uns de ces généreux jeunes prêtres si nombreux dans notre France, leur révélera la grandeur et l'utilité de cette œuvre, et que j'aurai la consolation de les voir prendre place à côté de moi dans cette portion du champ que je cultive.

J'ai la confiance que ceux qui ne viendront point accorderont du moins à notre entreprise leur appui et leurs sympathies, et dirigeront vers nous les vocations que Dieu leur ferait connaître.

Les deux noviciats, celui des Frères et celui des Sœurs, seront dirigés provisoirement sous mon autorité, le premier par les PP. de la Compagnie de Jésus, le second par les Sœurs de Saint-Charles.

On ne demande rien absolument, ni dot, ni trousseau, ni instruction même des postulants ou des postulantes. Une vocation vraiment religieuse, une réputation intacte, une forte santé, la volonté de se consacrer au bien des missions par le travail des mains, sont les seules conditions exigées par l'admission.

Dans tous les cas, on fournit, tant aux postulants qu'aux postulantes, le moyen de venir sûrement et gratuitement jusqu'à Alger.

Voilà tous les renseignements qu'il me paraît utile et possible de donner dans cette lettre ; mais si l'on en désire de plus étendus, je me mets volontiers à la disposition de tous ceux qui voudraient me les demander.

Veuillez agréer, Messieurs, l'expression de mes sentiments les plus dévoués et les plus respectueux en Notre-Seigneur.

† Charles, *archevêque d'Alger*,
délégué apostolique pour les Missions du Soudan
et du Sahara.

II

LETTRE DE MGR L'ARCHEVÊQUE D'ALGER

A MM. LES CURÉS DE QUELQUES DIOCÈSES DU MIDI DE LA FRANCE AU SUJET DE LA CRÉATION DE DEUX CONGRÉGATIONS AGRICOLES SPÉCIALES POUR LES MISSIONS.

Monsieur le Curé,

Après avoir tout d'abord, comme je le devais, consulté votre vénérable évêque, et m'être assuré qu'il ne désapprouvait pas la communication confidentielle que je vous adresse aujourd'hui, je viens vous entretenir avec confiance et simplicité d'un projet que je crois utile à la gloire de Dieu, au bien de l'Église et des âmes, comme à celui de notre France chrétienne, en Algérie, et dans les diverses missions catholiques de l'Afrique et du reste du monde.

Ce projet, je prends la liberté de vous le communiquer, parce que votre direction et votre influence peuvent puissamment aider à sa réalisation.

Chargé, depuis deux années, malgré ma faiblesse, du gouvernement de l'Église d'Alger et de la mission encore bien plus considérable et plus difficile de faire pénétrer les lumières et les vertus de notre foi jusque dans le centre de l'Afrique, la plus abandonnée et la plus infortunée des cinq parties de l'univers, j'ai dû me préoccuper des moyens les plus efficaces de remplir l'obligation qui m'est imposée, tant comme évêque que comme délégué du Saint-Siége.

Rétablir solidement la religion catholique dans ces pays autrefois chrétiens et sortant à peine aujourd'hui d'une longue barbarie, la faire connaître à ceux qui l'ont toujours ignorée, se servir des lumières et des grâces de l'Evangile pour amener tant de millions de créatures humaines si profondément déchues à notre civilisation, c'est une tâche ardue sans doute, mais c'est une tâche nécessaire, car l'Église en a reçu l'ordre exprès du

Sauveur lui-même, lorsqu'il lui a dit : « Comme le Père m'a envoyé, je vous envoie... Allez et enseignez toutes les nations. »

Cette œuvre est déjà commencée en Algérie, depuis près d'une année, dans les orphelinats où nous avons recueilli les petits enfants des Arabes.

Elle est commencée aussi par la création de deux congrégations spéciales, l'une de Frères, l'autre de Sœurs, uniquement destinées aux travaux des champs, et unissant à ce travail l'exercice du zèle apostolique, tant au milieu des chrétiens qu'au milieu des infidèles, par l'exemple et par la charité.

C'est à ces deux congrégations que seront confiés les nouveaux orphelinats, les nouveaux asiles que nous avons l'intention de créer. C'est elles qui prépareront les nouveaux villages où nous établirons, après les avoir élevés, nos petits orphelins, formant ainsi, à l'ombre de la croix, des villages d'Arabes chrétiens. C'est elles enfin qui, partout où on le désirera, iront offrir aux colons européens, dans les centres nouveaux où l'on voudra les établir, le concours de leur charité, pour leurs enfants, pour leurs malades, ne demandant rien à personne, gagnant leur vie du travail de leurs mains, n'ayant qu'un but et ne cherchant qu'une seule récompense : établir ici solidement le christianisme, et préparer une population laborieuse, vertueuse, franchement chrétienne et française.

Voilà, en quelques mots, monsieur le Curé, le caractère de ces deux créations nouvelles, particulières à l'Afrique et spécialement destinées à sa régénération : le travail apostolique, c'est-à-dire entrepris et continué dans un esprit de charité et de zèle, ne demandant rien et donnant tout, les biens de l'éternité et les secours du temps, remplaçant par sa constance, son abnégation, son esprit de prière, les austérités des anciens ordres.

Mais, monsieur le Curé, vous le devinerez sans peine, ce n'est pas la population coloniale qui peut alimenter deux ordres semblables. Elle est trop peu nombreuse pour espérer que de semblables dévouements s'y multiplient dans les proportions des besoins.

C'est de la France que les vocations doivent nous venir,

comme c'est de la France que nous viennent notre clergé et les congrégations religieuses déjà établies parmi nous. Et ce sont les prêtres de France qui comprennent les grandeurs, la nécessité de notre mission apostolique, qui peuvent seuls nous aider à la remplir, en dirigeant vers nous les âmes qu'ils croient capables de nous seconder.

C'est surtout à MM. les Curés des campagnes, de celles de nos campagnes en particulier qui ont conservé la foi et les mœurs patriarcales, que je m'adresse ici.

Si dans leurs paroisses il se trouvait des jeunes gens, des jeunes filles animés de l'esprit de Dieu et se sentant appelés à la vie du travail religieux et de l'apostolat, j'oserais les supplier de leur parler de nos œuvres et de nos besoins.

Nous n'exigerons rien d'eux que les dispositions et la vocation religieuses, avec la santé et l'habitude des travaux manuels. Nous ne voulons ni argent, ni trousseau, ni quoi que ce soit, le principe fondamental de ces deux ordres agricoles étant de demander à la sueur de leur front le pain de chaque jour, et de laisser à la providence divine le soin de faire le reste.

Je joins ici, du reste, un aperçu des règles approuvées par moi pour nos deux congrégations naissantes. Cet aperçu vous suffira pour les juger et aussi pour juger ceux qui seraient propres à les pratiquer.

Tout est disposé pour faciliter le voyage gratuit en Algérie et l'hospitalité dans une maison religieuse de Marseille aux postulants qui se proposeraient de venir à nous.

Il suffira, monsieur le Curé, d'un mot de vous qui me serait directement adressé à Alger et me donnerait des renseignements favorables sur un sujet, pour que je vous transmette moi-même tous les renseignements désirables pour sa venue en Algérie.

Veuillez me pardonner, monsieur le Curé, cet appel que je vous adresse, mais j'ai pensé que vous ne refuseriez pas de venir en aide à mon diocèse et à nos pauvres missions, en leur procurant des ouvriers utiles.

Que Dieu vous rende au centuple tout ce que vous ferez pour nous !

Veuillez agréer, monsieur le Curé, l'expression de mes sentiments les plus dévoués en N. S.

† CHARLES, *archevêque d'Alger.*

CONGRÉGATION DES FRÈRES AGRICULTEURS ET HOSPITALIERS DU VÉNÉRABLE GERONIMO, ÉTABLIS A BEN-AKNOUN (DIOCÈSE D'ALGER).

Les Frères agriculteurs et hospitaliers placés sous le vocable du vénérable GERONIMO, l'Arabe martyr du seizième siècle, sont fondés dans le diocèse d'Alger, sous l'autorité de Monseigneur l'Archevêque, délégué apostolique, tant pour ce diocèse que pour toute la mission de l'Afrique du Nord, et même pour toutes les missions du monde où ils pourront être appelés.

Ils sont particulièrement consacrés aux œuvres de charité, comme éducation agricole des orphelins et autres jeunes garçons infidèles, soins à donner aux malades indigènes ou aux colons dans des dispensaires annexés à leurs maisons.

Le travail manuel et spécialement les travaux des champs et ceux qui s'y rapportent, comme sont ceux des charrons, forgerons, maçons, tailleurs, boulangers, charpentiers, faits en esprit de foi et de charité, sont pour eux le moyen ordinaire et journalier de pratiquer la pénitence et les autres vertus religieuses. Ils y sont tous appliqués et ils leur demandent exclusivement leurs moyens d'existence. Ils ne peuvent avoir ni traitement ni revenus fixes de la part des communes ni de qui que ce soit, et c'est à la sueur de leur front qu'ils doivent gagner leur pain et celui de leurs protégés et de leurs pauvres.

Grâce à la fécondité du sol, cela est toujours facile en Algérie avec de la constance, de l'ordre et de l'économie.

La règle de leur ordre n'a pas d'autre austérité particulière que le travail.

Les jeûnes et abstinences sont ceux du commun des fidèles. Le vêtement, de laine blanche, est de qualité ordinaire; la nourriture, celle des habitants des campagnes qui vivent du travail de leurs mains.

Sauf les heures réservées aux exercices de piété et à un repos nécessaire, le travail est constant et il se fait généralement en silence; mais le silence se rompt durant les récréations et dans tous les cas de nécessité.

Le noviciat, placé sous la direction de deux Pères de la Compagnie de Jésus, qui nous sont prêtés par cette Congrégation, dure une année entière, sans compter le postulat, qui est de trois mois au moins.

Après le noviciat, les Frères sont admis à faire des vœux annuels de religion, durant cinq années. Après cinq années, ils font des vœux de dix ans, et après ces dix années seulement des vœux perpétuels.

On ne demande aux Frères ni dot, ni trousseau, ni aucune autre condition qu'une vocation et des vertus religieuses solides, une réputation intacte et une forte santé. MM. les ecclésiastiques peuvent également être admis dans la congrégation des Frères du V. Geronimo, s'ils présentent toutes les garanties nécessaires; mais ils y sont exactement tenus à la règle des Frères qui ne sont point prêtres, et en particulier à celle du travail manuel durant le temps que leur laisse libre l'accomplissement de leurs obligations sacrées. La congrégation des Frères du V. Geronimo est une congrégation à supérieur général. Elle peut établir des maisons soit en Algérie, soit dans les autres missions de l'Afrique, et des autres parties du monde où elle serait appelée par les ordinaires ; mais aucun Frère, néanmoins, ne peut être envoyé en dehors du territoire de la colonie que sur sa demande formelle.

Vu et approuvé :

† Charles, *archevêque d'Alger,*
délégué apostolique pour les Missions du Sahara et du Soudan.

CONGRÉGATION DES SŒURS AGRICOLES ET HOSPITALIÈRES DU VÉNÉRABLE GERONIMO ÉTABLIES A KOUBA (DIOCÈSE D'ALGER).

Les sœurs agricoles et hospitalières placées sous le vocable du vénérable GERONIMO, l'Arabe martyr du seizième siècle, sont fondées dans le diocèse d'Alger sous l'autorité de Monseigneur l'Archevêque, délégué apostolique, tant pour ce diocèse que pour toute la mission de l'Afrique du Nord et même pour toutes les autres missions du monde où elles pourraient être appelées.

Elles sont particulièrement consacrées aux œuvres apostoliques auprès des personnes de leur sexe, comme éducation agricole des orphelines et autres jeunes filles infidèles, soins à donner aux malades indigènes ou aux colons dans les dispensaires annexés à leurs maisons.

Le travail manuel et spécialement les travaux des champs et ceux qui s'y rapportent, faits en esprit de foi et de charité, sont pour elles le moyen ordinaire et journalier de pratiquer la pénitence et les autres vertus religieuses. Elles y sont toutes appliquées et elles leur demandent exclusivement leurs moyens d'existence. Elles ne peuvent avoir ni traitement ni revenus fixes de la part des communes, ni de qui que ce soit, et c'est à la sueur de leur front qu'elles doivent gagner leur pain et celui de leurs protégés et de leurs pauvres.

Grâce à la fécondité du sol, cela est toujours facile en Algérie avec de la constance, de l'ordre et de l'économie.

La règle de leur ordre n'a pas d'autre austérité particulière que le travail.

Les jeûnes et abstinences sont ceux du commun des fidèles. Le vêtement, de laine blanche, est de qualité ordinaire ; la nourriture celle des habitants des campagnes qui vivent du travail de leurs mains.

Le noviciat, placé sous la direction de deux Sœurs de Saint-Charles de Nancy, qui nous sont prêtées par cette ancienne et vénérable congrégation, dure une année entière, sans compter le postulat, qui est de trois mois au moins.

Après le noviciat, les Sœurs sont admises à faire des vœux

annuels de religion durant cinq années. Après cinq années, elles font des vœux de dix ans, et après ces dix années seulement, des vœux perpétuels.

On ne demande aux sœurs ni dot, ni trousseau, ni aucune autre condition qu'une vocation et des vertus religieuses solides, une réputation intacte et une forte santé.

La congrégation des Sœurs du vénérable Geronimo est une congrégation à supérieure générale. Elle peut établir des maisons soit en Algérie, soit dans les autres missions de l'Afrique du Nord et des autres parties du monde où elle serait appelée par les ordinaires, mais aucune Sœur néanmoins ne peut être envoyée en dehors du territoire de la colonie que sur sa demande formelle.

Vu et approuvé :

✝ CHARLES, *archevêque d'Alger*,
délégué apostolique pour les Missions du Sahara et du Soudan.

SAINT-CLOUD. — IMPRIMERIE DE Mme Ve BELIN.

www.ingramcontent.com/pod-product-compliance
Ingram Content Group UK Ltd.
Pitfield, Milton Keynes, MK11 3LW, UK
UKHW020542230726
13925UKWH00006B/2421